Gelassenheit
Hardbook
Unknown

1. Auflage 2016

Cover: galuhh / Fiverr
Cassie Miller wird vertreten durch:
Ebubekir Enes Satilmis
Unterer Grifflenberg 43
42119 Wuppertal
Kontakt: 0177/8930635
ISBN 9781520234717

Inhalt

1. Einführung

In der Ruhe liegt die Kraft!

Jeder von uns kennt das Gefühl einer emotionalen Anspannung. Dies sind Augenblicke im Leben in denen sich unser Unmut und unser Ärger breitmachen und wir kurz davor sind, aus der Haut zu fahren. Manchmal nehmen wir sie bewusst wahr, werden zum stillen Beobachter und leiden innerlich.

Da wir aber keinen klaren Gedanken fassen können, der uns zu ein wenig Distanz verhilft, finden wir auch keinen Ansatzpunkt, um den Lauf der Dinge zu durchbrechen. Ein anderes Mal bemerken wir den Vulkanausbruch erst, wenn die Aschewolken vorüber sind. Plötzlich wird uns der Ausmaß der Verwüstung klar.

Dieser Ratgeber ist keinesfalls nur etwas für Choleriker, die ihre Emotionen nicht im Griff haben. Nein, nicht mal im geringsten. Von Zeit zu Zeit erwischt uns alle das Gefühl, das Ruder aus der Hand zu verlieren.

Das vorliegende Buch hat es sich zum Ziel gemacht, Ihnen Möglichkeiten aufzuzeigen, rechtzeitig gegen Maßnahmen zu finden und ebendiese Momente in Ihrem Leben auf ein Minimum zu reduzieren, indem Sie Gelassenheit lernen. Es zeigt Ihnen

Zusammenhänge zwischen den einzelnen Aspekten der Gelassenheit auf und macht Ihnen hoffentlich Mut, diese als Hilfestellung anzunehmen, um sich selbst besser im Alltag zu regulieren.

Übungen unterstützen Sie dabei, die einzelnen Ressourcen für sich zu entdecken und zu trainieren. Richten Sie Ihre Aufmerksamkeit auf die positiven Dinge im Leben. Denn die sind es wert, wahrgenommen zu werden.

Wenn Sie sich zudem darin üben, mehr über sich selbst zu lachen und gute Laune zu Ihrer Kraftquelle zu machen, ändern Sie mit der Zeit Ihre eigene Erwartungshaltung und gleichzeitig Ihre Sicht auf Situationen, Begegnungen mit anderen Menschen sowie unvorhergesehene Ereignisse. Sie gehen gestärkt und gelassen durch das Leben und leisten durch diese Haltung ganz nebenbei einen wertvollen Beitrag zu Ihrer physischen und psychischen Gesundheit.

In diesem Sinne wünsche ich Ihnen viel Erfolg, neue Erkenntnisse und Freude beim Lesen und Ausprobieren.

Ihre
Cassie Miller

2. Tempel der Gelassenheit

Ich möchte Sie anregen, kurz innezuhalten, die Augen zu schließen und sich einen Tempel vorzustellen. Lassen Sie dabei Ihrer Kreativität freien Lauf. Betrachten Sie Ihr Umfeld aus der Sicht eines Beobachters. Dabei sitzen Sie vollkommen entspannt auf Ihrem Thron, das Zepter in der Hand und schauen dem Geschehen gelassen entgegen. Eine gewisse Distanz zu den Herausforderungen des Alltags zu gewinnen, kann oft Wunder bewirken.

Ich empfehle Ihnen, mit diesem Ratgeber zusammenzuarbeiten und alle in dem Buch vorkommenden Übungen und Aufgaben zu erledigen und auf einem Blatt niederzuschreiben. Sie können natürlich die Übungen bei Bedarf wiederholen, bereits Gelesenes wieder reflektieren und von Zeit zu Zeit den Stand Ihrer Gelassenheit überprüfen. So garantieren Sie, dass Sie am Ball bleiben und bald positive Veränderungen erzielen können.

2.1 Was ist Gelassenheit

Das Wort „Gelassenheit“ ist für viele ein Begriff, nur interpretieren es viele Menschen falsch. Aber was ist und meint Gelassenheit? Viele verwechseln Gelassenheit mit Gleichgültigkeit. Das ist Falsch. Während Gleichgültig in den meisten Fällen von

Desinteresse zeugt, basiert Gelassenheit auf der Fähigkeit, in schwierigen Situationen innere Ruhe zu bewahren und angemessen zu reagieren, ohne sich emotional zu verausgaben.

Wer in stressigen Angelegenheiten das innere Gleichgewicht verliert, fühlt sich mit der Zeit leer und ausgebrannt und kann im schlimmsten Fall in Burnout enden. Gelassenheit dagegen unterstützt Sie dabei, mehr Lebensfreude zu empfinden und sich rundum wohlzufühlen. Gelassenheit ist ein Prozess, ebenso wie eine Fähigkeit und kann geübt, erlernt und gezielt eingesetzt werden.

Sie haben bestimmt noch das Bild eines Antiken Tempels im Sinn. Stellen Sie sich die Säulen, die dieses Gerüst tragen, als unersetzbar vor, denn ohne Sie, würde der Tempel einstürzen.

Genauso verhält es sich mit der Gelassenheit. Ihre Säulen sind die Achtsamkeit, die Spiritualität, das Glück und der Humor. Jede Säule ist ein Thema für sich. Das Fundament, auf denen die Säulen stehen, sind die Lebensfreude, die Gesundheit und das Wohlbefinden. Befinden Sich all diese Komponente im Gleichgewicht, führt dies zur inneren Gelassenheit. Um herauszufinden, wovon Ihnen aktuell am meisten mangelt, empfehle ich Ihnen einen kurzen Selbst-Check.

„Gelassenheit hat nichts mit Gleichgültigkeit zu tun. Gelassen zu sein heißt, die innere Balance zu wahren, um besonders in schwierigen Situationen entspannt und angemessen zu reagieren".

2.2 Ihre Gelassenheit-Checkliste

Gehen Sie die folgenden Fragen Schritt für Schritt durch und notieren Sie sich das „Ja" und „Nein". Entscheiden Sie sich immer nur für eine Antwort, auch dann, wenn Sie der Meinung sind, das je nach Situation sowohl ein Ja als auch ein Nein Relevanz besitzt. Hören Sie auf Ihr Bauchgefühl und versuchen Sie die Dinge nicht auf rationaler Ebene zu betrachten. So werden Sie nie in die Gefühlsebene eindringen können und so Ihre momentane Einstellung und Verfassung treffen.

Achtsamkeit:

Gelingt es Ihnen regelmäßig, im Hier und Jetzt präsent zu sein, ohne dauernd in die Vergangenheit oder Zukunft abzuschweifen?

Genießen Sie für gewöhnlich Ihre Mahlzeiten und nehmen Sie den Geruch und den Geschmack der Mahlzeiten bewusst war?

Wenn Sie sich mit anderen austauschen, hören Sie aufmerksam zu und wählen Ihre Worte mit Vorsicht?

Sind Sie geduldig mit sich selbst und mit Ihren Mitmenschen?

Können Sie sich mit Gegebenheiten, die sich nicht ändern lassen, ohne Leid und Widerstand aussöhnen?

Spiritualität:

Haben Sie in den letzten fünf Jahren beruflich oder privat etwas erfahren, was Sie stolz macht?

Gibt es Wünsche und Visionen, an deren Verwirklichung Sie aktuell arbeiten?

Haben Sie sich schon einmal darüber Gedanken gemacht, was Sie antreibt und beflügelt?

Können Sie sich mit dem Begriff „Spiritualität“ anfreunden?

Fällt es Ihnen grundsätzlich leicht, mit anderen Menschen mitzufühlen, Freude und Leid zu empfinden?

Glück:

Ist Ihnen in den letzten Wochen etwas begegnet, was Sie als Glück bezeichnen würden?

Fühlen Sie sich momentan glücklich?

Gibt es in Ihrem Leben regelmäßig Augenblicke, für die Sie Dankbarkeit empfinden?

Können Sie spontan mindestens drei Quellen des Glücks aufzählen?

Glauben Sie daran, dass sich Glück beeinflussen lässt?

Humor:

Können Sie gut über sich selbst lachen?

Macht eine herzhafte Lachattacke Sie glücklich?

Gehören Sie zu den Menschen, die gern einen Witz in der Runde erzählen?

Schauen Sie sich gerne lustige Filme oder Sendungen an?

Würde es Ihnen gefallen, mit einem Star-Comedian als Gast auf Ihrer nächsten Geburtstagsfeier überrascht zu werden?

Die Auswertung

Sie haben hoffentlich alle Fragen wahrheitsgemäß beantwortet. Jetzt geht es an die Auswertung: zählen Sie alle Nein Antworten auf.

Haben Sie drei oder mehr Fragen mit einem Nein beantwortet, bei einem der vier Themen, ist es dringend an der Zeit, sich intensiv mit genau diesem Aspekt der Gelassenheit auseinanderzusetzen und daran zu arbeiten. Verlieren Sie aber dabei nicht das große Ganze aus den Augen. Daher empfehle ich Ihnen, auch an anderen Bereichen zu arbeiten. Alles Schritt für Schritt.

Wenn Sie wollen, können Sie einen guten Freund oder eine gute Freundin den Check für Sie durchführen. Dadurch finden Sie heraus, wie Menschen, die Ihnen nahe stehen, Sie einschätzen und wie Sie auf andere wirken.

3. Achtsamkeit

Die Methoden der Achtsamkeit haben Ihre Wurzeln im fernöstlichen, insbesondere im Buddhismus. Man versteht unter ihr eine offene, neugierige und akzeptierende Haltung gegenüber allem, was man gerade wahrnimmt und tut. Dazu gehören eben Gedanken, Phantasien, Erinnerungen, Gefühle, Sinneserfahrungen, körperliche Reaktionen und äußere Vorgänge.

Die Achtsamkeit hat es sich als Ziel gemacht, sich mit allen Sinnen ganz auf das einzulassen, was der Mensch spürt und wahrnimmt.

Unvoreingenommen sein und neugierig riechen, schmecken, fühlen, staunen und genießen, ohne eine Wertung abzugeben, das ist Achtsamkeit. Die Pure Hingabe an den Augenblick.

Gewohnheiten, Routine und Unachtsamkeit sind die Feinde der Achtsamkeit und führen zur Langeweile, statt zu Genuss. Alles, was wir für selbstverständlich halten, bereitet uns keine Freude mehr und lässt uns nicht staunen und den Moment genießen.

Nur das Innehalten und bewusste Spüren und Sich-Einlassen, auf das, was gerade da ist und unsere Aufmerksamkeit zieht, schafft Freude und Genugtuung.

3.1 Achtsamkeit bereichert Ihre Lebensfreude

Durch Social Media sind wir immer vernetzter und sind praktisch jederzeit in der Lage mit jedem in Kontakt zu treten. Dabei laufen wir jedoch in Gefahr, seltener mit uns selbst in Kontakt zu treten. Um uns im Alltag wieder auf das wesentliche zu konzentrieren und unser inneres Gleichgewicht zu finden, brauchen wir deshalb auch die Fähigkeit, immer wieder von der Außen- in die Innenperspektive wechseln zu können.

Die Achtsamkeit hilft uns dabei, für einen Augenblick innezuhalten, mehr Präsenz im Hier und jetzt zu erlangen und auch innerlich ans Ziel zu kommen.

Im Laufe des Lebens haben wir leider gelernt, vorschnell zu kategorisieren, und deshalb verlassen wir uns zu sehr auf unsere Sinne zu nutzen. Für viele stellt diese Art des Trainings eine Art Herausforderungen dar.

Mit etwas Übung werden Sie lernen, Dinge, die um Ihnen herum geschehen, bewusster Wahrzunehmen, und es wird Ihnen zunehmend leichter fallen, mit Menschen in Kontakt zu kommen, ohne stets jemanden bewerten zu müssen. Dadurch gewinnen die Begegnungen mit anderen und Leuten aus Ihrem Umfeld eine andere Qualität.

Dadurch, dass Sie öfters mit sich selbst in Kontakt treten, erfahren Sie mehr über Ihr eigenes Denken und Fühlen, über Ihre persönlichen Ziele und Bedürfnisse. Sie erkennen Ihre eigenen Stärken und Schwächen und lernen diese in Ihre Lebensgestaltung bewusst zu integrieren.

Durch die Änderung Ihres Blickwinkels gewinnen Sie Abstand zu belastenden Gegebenheiten und erhalten somit die Möglichkeit, alles in Relation zu sehen, ohne dass es sie emotional erdrückt oder Sie ängstigt. Sie werden sich bewusst, welche Grenzen Sie momentan umgibt und welche Situationen Ihnen besonders viel Kraft und Ausdauer abverlangen.

Sie werden aber auch erkennen, welche Momente und Erfahrungen in Ihrem inneren ein Glücksgefühl auslösen. Mit der Zeit werden Sie Ihre Umwelt umso besser kennen und viel bewusster leben. Sie werden Achtsamkeit als Ressource zu nutzen wissen. Lassen Sie sich also entspannt auf das Experiment ein, Sie können davon nur profitieren.

3.2 Achtsamkeit im Alltag

Es gibt sehr viele Übungen, die Ihnen helfen können, sich und Ihren Mitmenschen mit mehr Achtsamkeit zu begegnen. Drei davon möchte ich Ihnen genauer vorstellen, da ich Sie als besonders wirkungsvoll hatte.

Atem als Anker

Setzen Sie sich aufrecht und entspannt hin. Stellen Sie Ihre Füße, ohne Schuhe, flächig auf und spreizen einmal bewusst die Zehen und nehmen den Boden unter Ihren Fußsohlen achtsam wahr, der Ihnen halt und Stabilität bietet. Kommen Sie mit Ihrem Atem in Kontakt und nehmen Sie auch diesen bewusst wahr, in dem Sie durch die Nase ein- und ausatmen und den Atem bis in Ihren Bauch hin begleiten. Erlauben Sie sich, mit jedem Atemzug tiefer in die Entspannung zu kommen, ohne die aufrechte Haltung zu verlieren.

Unser Atem ist immer präsent. Deshalb beeinflusst er unsere Wahrnehmung maßgeblich. Er ist ein Messfühler für Stress Angst und unser Wohlbefinden. Nutzen Sie die Momente der Inneren Wahrnehmung. Nutzen Sie bewusst die Momente der Inneren Wahrnehmung als Anker, um sich an Ihren Wunsch, mehr Gelassenheit in Ihr Leben zu bringen, immer wieder zu erinnern.

„Reset“-Taste

Nehmen Sie sich etwas die Zeit, um Ihren Inneren Monolog achtsam mit etwas Distanz zu beobachten. Da unser Geist ruhelos ist, tauchen vermutlich immer wieder neue Gedanken oder Bilder vor Ihrem inneren Auge auf oder aber Sie bleiben bei einem Gedanken hängen und grübeln durchgehend.

Achten Sie dann besonders auf Ihre Empfindungen, die im Zusammenhang mit den Gedanken zum Vorschein kommen. Wenn positive Gefühle hochkommen, verändern Sie nichts und werden ein Stiller Beobachter. Genießen Sie und erfreuen Sie sich an dem, was geschieht.

Tauchen jedoch negative Gedanken auf, die Sie emotional aufwühlen, drücken Sie bewusst die „Reset“-Taste, um den Vorgang zu durchbrechen und die eigene Aufmerksamkeit neu auszurichten.

Atem Sie dazu bewusst dreimal tief durch die Nase ein und aus und richten den Fokus für die Dauer der Atemübung gezielt auf die Stirnmitte, das sogenannte „dritte Auge“, den Punkt der Intuition. Lassen Sie danach wieder Ihren Geist entspannt auf Entdeckungstour durch Ihre Gedanken und beobachten Sie weiter, was passiert.

Sollte der gleiche belastende Gedanke wieder aufkommen, wiederholen Sie die Übung und greifen anschließend zielgerichtet zu einem Gedanken, der ohne Zweifel in Ihnen ein positives Gefühl auslöst.

Nutzen Sie diese Übung regelmäßig. Dadurch lernen Sie sich und Ihre Gedanken besser kennen und können jederzeit der Grübelei entfliehen. Sie werden auf diese Weise festgefahrene Muster aufdecken, die Sie im zweiten Schritt gezielt in positive und sinnvolle Denk- und Handlungsmuster umwandeln können.

Jnana Mudra

Wenn Sie die folgende Meditationstechnik üben, wird es Ihnen bald möglich sein, sich jederzeit in einen Zustand der Gelassenheit zu versetzen.

Nehmen Sie zunächst eine aufrechte Haltung ein und erinnern Sie sich an eine Situation, in der Sie vollkommen gelassen waren.

Stellen Sie sich diesen Augenblick möglichst bildlich vor und versuchen Sie ihn mit allen Sinnen in Erfahrung zu holen. Wann und wo waren Sie da, was für Kleidung hatten Sie damals an, wie hat sich das Gelassen sein angefühlt und womit war es verbunden?

Sollten Sie sich nicht an eine solche Situation spontan erinnern können, stellen Sie sich stattdessen vor, wie diese aussehen und in welcher Umgebung sie stattfinden könnte. Dabei ist es egal, ob andere Menschen ebenfalls in der Situation eingebunden oder Sie allein sind.

Kreieren Sie in Ihrem Innern das Gefühl der Gelassenheit so intensiv wie möglich und führen den Zeigefinger Ihrer dominanten Hand zum Daumen. Beide Fingerspitzen berühren sich. Diese Handgeste, die auch Jnana Mudra genannt wird, hilft Ihnen dabei, den Zustand der Gelassenheit innerlich abzuspeichern und ihn bei Bedarf aus der Versenkung wieder in Ihr Bewusstsein zu holen.

Immer dann, wenn Sie sich etwas mehr Gelassenheit wünschen, nutzen Sie die Handgeste, um sich bewusst an den abgespeicherten Zustand zu erinnern.

Üben Sie sich in Geduld und erwarten Sie nicht, dass alles auf Anhieb klappt. Mit ein wenig Übung gelingt es Ihnen diesen Zustand öfters herbeizuführen. Dieser Zustand wird sich in Ihrer Ausstrahlung und Ihrem Charisma bemerkbar machen. Sie werden eine angenehme Wirkung auf Kunden, Kollegen und Ihre Gesprächspartner haben.

Umgang mit negativen Gedanken

Negative Gedanken und Gefühle gehören ebenso zu unserem Leben wie positive. Für unser Wohlbefinden uns unsere Gesundheit ist es wichtig, dass wir regelmäßig überprüfen, welche Qualität überwiegt, und darauf zu achten, wie viel Zeit wir mit Wut, Ärger oder Verzweiflung verbringen. Zwei Möglichkeiten bieten sich dafür an.

Wir können zum einen durch achtsames Beobachten den vormals unbewussten Gedanken ihre Energie entziehen, um sie wertneutral betrachten zu können. So taucht das negative Gefühle nur schwach oder erst gar nicht auf.

Oder wir können die negative Emotionen entgegen nehmen. Spüren achtsam dann in uns hinein und warten geduldig und ohne weiter nachzudenken, bis sie verglüht. Sie müssen nämlich wissen, dass eine Emotion neurophysiologisch eine Überlebensdauer von ca. 30 Sekunden besitzt. Alles was darüber hinausgeht, entsteht bloß durch das weiter vertiefen in eine Emotion.

In beiden Fällen geht es nicht um die Unterdrückung von Emotionen, sondern um einen bewussten und verantwortungsvollen Umgang mit negativen und belastenden Gefühlen, die jeder Mensch von Zeit zu Zeit empfindet. Es geht insbesondere darum, dass Sie die Fähigkeit der Selbstwirksamkeit steigern, sich also in schwierigen Situationen helfen zu können und Einfluss auf äußere Umstände zu haben.

Egal wie Ihr emotionales Innenleben ausschauen mag, ist es sinnvoll sich achtsam selbst zu erkunden, um sich seiner selbst bewusst zu sein. Denn dies ist der erste Schritt, um die eigene Innenwelt besser zu begreifen und zu verstehen, warum wir fühlen, wie wir fühlen, denken, wie wir denken und daraufhin reagieren, wie wir reagieren.

Im zweiten Schritt können Sie dann überlegen, ob Sie etwas an dem Gedanken ändern wollen. Die Plastizität Ihres Gehirn erlaubt es Ihnen, sowohl bestehende Denkmuster zu stärken als auch alte Muster in neue Bahnen zu lenken.
Auf diese Art entstehen neue neuronale Verknüpfungen. Es liegt also in Ihrer Macht, sich in Ihre Gedanken einzuloggen, sie achtsam zu beobachten und gezielt zu lenken, möglichst ohne sie dabei zu bewerten.

Neurowissenschaftler haben es sich zur Aufgabe gemacht, zu verstehen, was genau im menschlichen Gehirn passiert. Ihre Ergebnisse haben auch einen erheblichen Einfluss auf die Sichtweise der Achtsamkeit. Sie zeigen uns nämlich, dass wir die Macht haben, unsere

Emotionen zu formen, und auch unsere negativen Gedanken maßgeblich beeinflussen können, solang wir es nur wirklich wollen. Wir können demnach glücklicher und gelassener werden, indem wir die Verantwortung für unseren Geist übernehmen.

4. Spiritualität

Die Suche nach einer treibenden Kraft ist in uns allen veranlagt. Spätestens, wenn wir merken, dass das Leben endlich ist, machen wir uns auf die Suche nach den Sinn des Lebens. Wir wollen Sie entdecken und begreifen. Meistens geschieht es um die Lebensmitte. Sinn-Fragen tauchen aber auch unabhängig vom Alter auf. Sie verbergen sich hinter Krankheiten, Trauer, aber auch überdurchschnittlichem beruflichen Erfolg oder der Bewältigung von Lebenskrisen.

Sie knüpfen an alltägliche Fragen und Probleme an. Wenn wir sie nicht beantworten, werden Sie irgendwann eher zu einer Belastung, statt dass sie verfliegen. Gerade ein leidvolles Erlebnis schickt uns auf die Suche nach heilsamen Zuständen. Haben Sie also Mut und nehmen sich dazu ausreichend Zeit, wenn Ihre Seele danach verlangt.

4.1 Achtsamkeit fördern

Diese Übung wird Ihnen dabei helfen können, in stürmischen Zeiten sich innerlich mehr konzentrieren zu können und sich in Gelassenheit zu üben.

Kommen Sie in eine aufrechte Sitz- oder Standhaltung und schließen Sie die Augen für einen Moment.

Atmen Sie gleichmäßig und ruhig, tief in den Bauch hinein. Atmen Sie lange aus. Die Einatmung stellt sich dann von selbst ein.

Imaginieren Sie eine Art Sturm, der um Sie herum tobt. Es gibt eine Menge zu tun und vielleicht auch einige belastende Angelegenheiten, die Sie aktuell schwer beschäftigen.

All diese Dinge finden jetzt ihren Platz im Sturm. Sie dagegen sitzen im Auge des Orkans, einer ruhigen und windfreien Gegend im Zentrum des Hurrikans. Auf diese Weise schaffen Sie den notwendigen Abstand, um durchzuatmen, sich zu erden und neu auszurichten.

Um unseren Alltag gelassen meistern zu können, ist es wichtig, dass wir einen Sinn in den Dingen sehen, die wir tun.

4.2 Suche nach Kraftquellen

Das Leben ist wie ein Fluss. Veränderungen finden also fortlaufend statt. Ein Grundlegender Wandel ist jedoch selten. Die herausfordernde Frage, die Sie sich stellen sollten, ist:

Was in meinem Leben zählt wirklich für mich, was treibt mich täglich an und macht mich glücklich?

Gehen Sie die Aufgaben mit einem ehrlichem Engagement an. Sollten Sie nicht das Gefühl haben, aktuell etwas verändern zu wollen, weil Ihnen die Frage nach dem Sinn des Lebens noch gar nicht begegnet ist, dann nutzen Sie die Übungen, um Ihre Wertvorstellungen zu überprüfen.

Hierbei wird Ihnen dieses spirituelle Coaching helfen.

Teil 1:

Was treibt Sie an und gibt Ihrem Leben einen tieferen Sinn? Das kann Ihre Arbeit, Ihre Familie oder ein geliebtes Hobby sein. Was immer es auch ist, nennen Sie es beim Namen und konkretisieren Sie es so gut, wie es Ihnen möglich ist. Notieren Sie die Antworten auf die folgenden Fragen auf einem Blatt und nehmen Sie sich diese auch zu Herzen:

Nennen Sie mindestens drei Aspekte, die Ihrem Leben einen Sinn geben.

Haben Sie Wünsche und Visionen, die Sie in absehbarer Zukunft verwirklichen möchten? Beginnen Sie mit einem kurzen Brainstorming und gehen Sie dann zum Ranking über.

Welche realistischen Etappenziele haben Sie sich für die Top 3 Ihrer Wünsche gegeben?

Worauf möchten Sie am Ende Ihrer Berufskarriere oder Ihres Lebens zufrieden zurückblicken können?

Erwarten Sie keine sofortige Erleuchtung. Dies ist ein Prozess, der nicht über Nacht abgeschlossen werden kann. Vermutlich auch nie komplett abgeschlossen sein wird. Setzen Sie nicht alles auf eine Karte, sonst kann es passieren, dass Sie nicht mehr weiterwissen, wenn Sie diese Karte einmal verlieren sollten. Und setzen Sie sich nicht unter Druck, Nicht selten kommen entscheidende Erkenntnisse in einem Augenblick zu trage, in dem Sie am wenigsten mit Ihnen rechnen.

Teil 2:

Bei einem Coaching geht es in erster Linie um die Arbeit an sich selbst, und das ist letztlich nichts anderes als spirituelle Arbeit. Sich selber kennenzulernen, dabei seine Wahrheit zu akzeptieren und die Haltung des Vertrauens, der Hoffnung und Geduld, schließlich auch die der Gelassenheit einzuüben, macht Sie zum Entdecker Ihrer eigenen Kraftquellen.

Was von dem, das Ihnen helfen könnte, Ihre Ziele zu erreichen, fehlt Ihnen derzeit am meisten?

Wie könnten Sie es ändern?

Wer kann Ihnen dabei helfen?

Was ist eventuell der Preis, den Sie dafür zahlen müssen?

Wie sähe die Zielkontrolle aus?

Was wäre der allererste Schritt in die gewünschte Richtung?

Teil 3:

Da unsere Gedanken unsere Wahrnehmung maßgeblich prägen, haben Sie im Vorfeld schon ganze Arbeit geleistet, wenn Sie regelmäßig beim Trainieren der Achtsamkeit Ihren inneren Monolog beobachtet haben. Es wird Ihnen also leichter fallen, sich auf die Fragen einzulassen und sie achtsam zu beantworten.

Welche Beziehungen oder Tätigkeiten bieten Ihnen Raum zur inneren Entfaltung?

Können Sie sich vorstellen, diese auszubauen und zu vertiefen?

Was müssen Sie dafür tun?

Wie stillen Sie Ihre Sehnsucht nach Liebe, Anerkennung und Wertschätzung?

Ist es ein sinnvoller Weg, der keinem anderen schadet und Sie gleichzeitig persönlich wachsen lässt?

Beruht dabei das Prinzip auf gegenseitigem Geben und Nehmen?

Metta-Meditation

Dies ist eine klassische Übung zur Erweiterung unseres Bewusstseins und zur Entfaltung von Herzensqualitäten. Diese sind, wie im Buch bereits erwähnt, ein eminent wichtiger Bestandteil der spirituellen Inhalte. Wir leben in einer Zeit, wo es scheint, dass jeder selbst sein Nächster wäre. Und genau hier kann diese Übung dabei helfen, Mitgefühl und Empathie zu kultivieren.

Papst Franziskus beklagte sich ebenfalls, dass wir uns an das Leid des anderen gewöhnt hätten, weil er uns nicht betreffe. Wir empfinden kein Mitgefühl und haben sogar die Fähigkeit zu weinen verloren, mahnte er.

Diese Meditationstechnik ist eine der meist Untersuchtesten überhaupt. Dabei haben die Studien gezeigt, dass neben dem Zuwachs an grauer Substanz im Gehirn eine regelmäßige Kultivierung bejahender Gefühle auch das körperliche Wohlbefinden nährt und zu einer verbesserten Bindung zu sich selbst führt. Gleichzeitig werden Beziehungen zu anderen Menschen positiver und näher erlebt.

Um diese Technik zu erlernen, führen Sie die folgenden Anweisungen durch:

Nehmen Sie eine aufrechte und für Sie angenehme Körperhaltung ein.

Atem Sie ruhig und gleichmäßig durch die Nase ein und aus.

Legen Sie den Fokus auf Ihr Herz und verweilen Sie dort einen Augenblick lang in Stille. Sie können dabei Ihre beiden Hände übereinander auf die Brust legen oder sich Ihr als dreidimensionales Organ vorstellen.

Überlegen Sie dann, was Sie sich aktuell am meisten wünschen würden und formulieren Sie dazu einen klaren, prägnanten Satz. Wiederholen Sie den Wunsch innerlich einige Male.

Im zweiten Schritt senden Sie wohlwollende Wünsche an eine Person, die Ihnen nahe steht.

Im dritten Schritt übermitteln Sie Ihre guten Wünsche einer Person, zu der Sie eher eine neutrale Beziehung führen.

Im letzten Schritt denken Sie an jemanden, zu dem Sie derzeit keinen versöhnlichen Kontakt haben. Auch dieser Person senden Sie innerlich gute Wünsche.

Abschließend können Sie allen Menschen und Lebewesen Gesundheit, Glück und ein liebevolles miteinander wünschen.

Nehmen Sie einige tiefe Atemzüge und kommen dann mit Ihrer Wahrnehmung zurück in den Raum, in dem Sie sich befinden. Strecken und recken Sie sich genüsslich und nehmen das Gefühl des Wohlwollens mit in den Tag.

Dieses Coaching kann Ihnen dabei helfen, einige Kraftquellen in Ihnen zu entdecken, frei zu legen und und weiter auszubauen. Gezielte Fragen stellen Denkanstöße dar und werden Ihnen dabei helfen, die ein oder andere (Perspektiven) Tür zu öffnen. Seien Sie also offen und entdecken Sie die Vielfalt der Möglichkeiten, Ihr Bewusstsein zu erweitern.

4.3 Weg zur Mitte

Wir schenken leider viel zu oft materiellen Werten eine große Bedeutung, beachten dabei aber immer weniger unsere inneren Werte. Das kann dazu führen, dass wir uns von unserem Wesenskern entfernen und das Wesentliche aus den Augen verlieren. In diesem Zusammengang hilft es, zu verstehen, dass materieller Wohlstand zwar positive Rahmenbedingungen schaffen kann, inneren Frieden kann er uns allerdings nicht geben.

Nur wenn wir auf dem mittleren Weg bleiben und gleichzeitig die Balance zwischen unseren materiellen und spirituellen Bedürfnissen wahren kann unsere Sinnsuche wirklich gelingen.

Lebensbereiche heranzoomen

Nehmen Sie Ihre Lebensbereiche unter die Lupe und überprüfen Sie dabei Ihren ganz persönlichen Standpunkt:

Wo stehen Sie aktuell und wo wäre die goldene Mitte? Welche Abweichungen gestehen Sie sich zu, weil sie Ihnen hoffentlich guttun? Welche verursachen bei Ihnen die meisten Bauchschmerzen und wie können Sie das ändern?

Denken Sie immer Schritt für Schritt, denn nur so kommen Sie am Ende auch ans Ziel. Bei großen

Schritten oder gar Sprüngen drohen Sie zu stolpern oder von einem Gegensatz zum anderen zu eilen. Sie können dabei die folgenden Fragen als Hilfestellung nutzen:

-

Körper & Gesundheit

-

Was ist Ihnen Ihre Gesundheit wert?
Wie viel Zeit verbringen Sie täglich in Bewegung?
Essen Sie meistens gesund?

-

Familie, Freunde & soziale Kontakte

Widmen Sie Ihrer Familie ausreichend Zeit?
Pflege Sie Kontakte zu Freunden und Bekannten?
Sind Sie interessiert an Aktivitäten in Gesellschaft?

Beruf & Finanzen

-

Welchen Wert messen Sie den Finanzen bei?
Ist Ihr Beruf gleichzeitig Ihre Berufung?
Ist Ihr Einkommen im Verhältnis zu Ihrer Arbeit angemessen?

Geist & Seele

-

Hören Sie öfter auf Ihr Bauchgefühl?
Wie wichtig ist Ihnen Ihr seelischer Zustand?
Denken Sie über spirituelle Aspekte nach?

Freizeit, Hobbys & Kultur

-

Wie wichtig ist Ihnen Ihre Freizeit?
Gibt es ein Hobby, das Sie ausüben?
Interessieren Sie sich für Kultur?

Ethik & Moral

-

Ist Ethik ein Thema, was Sie beschäftigt?
Gehen Sie mit Ihren Mitmenschen wertschätzend um?
Sind Sie der Meinung, dass der Einzelne auch eine soziale Verantwortung hat?

Vermeidbares und unvermeidbares Leid

Der Buddhismus unterscheidet zwischen vermeidbarem und unvermeidbare Leid. Es gibt demnach Dinge im Leben, die wir selbst ändern und beeinflussen könnten. Wenn wir beispielsweise mit unserer Arbeit nicht zufrieden sind, können wir eine neue Stelle suchen oder uns beruflich neu orientieren.

Dann gibt es Faktoren, die wir nicht beeinflussen können, wie den Tod einer geliebten Person, die uns viel Kraft kosten und sie zu ändern ist aussichtslos.

Deshalb ist es umso wichtiger, dass eine vom anderen zu unterscheiden, was aber eben vielen Menschen schwerfällt.

Wir sollten lernen, unsere Energie dort gezielt einzusetzen, wo Veränderungen sinnvoll und möglich sind, und das, was sich nicht ändern lässt, gelassen annehmen.

Überlegen Sie ernsthaft, wie viele der Dinge, die Sie aktuell besitzen, wirklich wichtig für Sie sind und worauf Sie relativ leicht verzichten könnten, ohne dass sich bereits nach kurzer Zeit ein Gefühl großen Verlustes einstellen würde. Mit wie viel weniger könnten Sie auskommen? Schreiben Sie sich auf einem Blatt immer regelmäßig einige Notizen:

Folgende Dinge liegen mir besonders am Herzen. Ich würde Sie um keinen Preis der Welt hergeben:

Auf diese Dinge könnte ich getrost verzichten:

Überlegen Sie noch genauer, ob es nicht Dinge gibt, die im Laufe der Zeit eher zu einer Belastung für Sie wurden, von denen Sie sich trennen würden.

Was würde ich als Erstes auf dem Fenster werfen, wenn es mir erlaubt wäre?

Diese Übung können Sie vor allem dann machen, wenn Sie etwas neues, teures kaufen möchten. Fragen Sie sich, ob Sie es tatsächlich benötigen oder es lediglich aus reiner Habgier ist. Wenn Sie sich, egal aus welchen Gründen nun auch immer, für einen Kauf entschieden haben, dann genießen Sie diese auch. Ab und zu dürfen und sollten wir uns alle etwas gönnen, auch Dinge, die nicht wirklich notwendig sind.

Vielleicht werden Sie nach dieser Übung, Ihren Besitz mit ganz anderen Augen betrachten und erkennen, was Ihnen wirklich wichtig ist und was Sie sogar daran hindert, gelassen zu sein.

Entrümpeln Sie diese Dinge. Verschenken Sie, was in Ihren Augen ausgedient hat, anderen aber eine Freude bereiten könnte. So schaffen Sie sich einen Freiraum und Platz für Neues, dann nicht nicht unbedingt materieller Natur sein muss. Es können ganz einfach neue Gedanken, Ideen und Einsichten sein, die Ihnen zu etwas mehr Gelassenheit verhelfen. Seien Sie gespannt auf das, was Sie erwartet.

5. Glück

Wissenschaftler fanden heraus, dass unser Glücksempfinden zu 50 % von unserer genetischen Veranlagung abhängt, zu etwa 10 % von den äußeren Umständen und ganze 40 % gehen auf unser eigenes Konto, da wir täglich selbst Einfluss darauf nehmen können, was wir als Glück empfinden und in welcher Weise wir das tun. Demnach ist Glück für uns jeden erreichbar. Gehen Sie es also an! Die Übungen in diesem Kapitel werden Ihnen dabei sicherlich behilflich sein.

5.1 Glück hat viele Gesichter

Glück ist mit Sicherheit eines der schönsten Gefühle der Welt. Was Glück für den Einzelnen bedeutet, muss jeder für sich selbst entscheiden. Eine Faustformel oder eine Norm gibt es dafür nicht. Sicher ist nur, dass sich Glück nicht „erzwingen“ lässt.

Wenn wir verbissen darauf warten, dass wir glücklich werden, werden wir es vielleicht niemals erreichen. Wenn wir uns dagegen gelassen zurücklehnen und das Glück als positive Begleiterscheinung von Handlungen, Situationen oder Begegnungen betrachten statt als abstraktes Ziel, werden die Momente des Glücks in unserem Leben deutlich zunehmen.

Betrachten Sie das Glück als ein Puzzle aus vielen kleinen Freuden.

Wenn Sie achtsam sind, werden Sie diese kleinen Freuden des Lebens nicht verpassen und kommen so letztendlich zum gewünschtem Glück.

Auf der Suche nach dem Glück kommen immer mehr Menschen zu der Überzeugung, dass nicht das Materielle das ist, was Sie glücklich macht. Im Glücksatlas 2013, welches von der Deutschen Post AG herausgegeben wurde, zeigte sich deutlich, dass zwei Aspekte für das menschliche Wohlbefinden maßgeblich verantwortlich sind:

Einerseits sind es die unmittelbaren Freuden und Leiden, andererseits die Erfahrung, etwas bewirken zu können, die das Leben als sinnvoll erscheinen lässt.

Womit wir wieder bei der Frage nach dem Lebensinhalt wären. Gesundheit, familiärer Zusammenhalt, eine gute Wohnsituation und die Möglichkeit, selbst bestimmend zu agieren, sind Dinge, die die Menschen in Deutschland als Glücksquellen betrachten.

Arbeitslosigkeit und Einsamkeit machen sie hingegen unglücklich, im hohen Alter kommen Pflegebedürftigkeit und Alterskrankheiten hinzu.

5.2 Glückstraining

„Jeder ist seines Glückes Schmied“, so sagt man im Volksmund. Glück ist letzten Endes nichts anderes als eine bestimmte Art, die Dinge zu sehen. Je nachdem, welche Erfahrungen wir in unserem Leben gemacht haben, welche genetische Prägung in uns steckt und welche Erwartungen wir an das Leben haben, das alles macht Glück für uns allgegenwärtig oder unerreichbar.

Menschen, die viel Leid und Schmerz erfahren haben, erfreuen sich eher an den kleinen Dingen im Leben. Wer dagegen auf der Sonnenseite unserer Welt lebt und mit Themen wie Verlust und Krankheit bisher kaum Berührung kam, stellt seinem Glück deutlich höhere Ansprüche.

Ein kleines Glückscoaching:

Zählen Sie möglichst viele Momente des Glücks auf. Beziehen Sie dabei alle sechs Lebensbereiche aus dem vorherigen Kapitel.

Wie fühlt sich Glück für Sie an?

Wann waren Sie das letzte mal richtig glücklich?

Auf einer Skala von 1 für „weit weg vom Ziel“ bis 10 für „am Ziel angekommen“: Wo ordnen Sie Ihr momentanes Glückslevel ein?

Was steht Ihrem Glück im Wege? Stellen Sie sich vor, Sie hätten das Hindernis beseitigt. Was wäre dann anders?

Was waren die glücklichsten Zeit in Ihrem Leben?

Was haben die Situationen, die Sie mit Glück verbinden, gemeinsam?

Schreiben Sie sich die Notizen auf einem Blatt auf und wenden Sie die Erkenntnisse immer wieder an.

Das Glückstagebuch

Die Glücksforschung zeigt, dass Dankbarkeit ein stark glücksförderndes Gefühl ist. Die Fähigkeit, dankbar zu sein, macht das Glück oft erst möglich und lässt uns den Wert des Unglücklichseins erkennen.

Schreiben Sie regelmäßig auf, wem und wofür Sie dankbar sind. Beginnen Sie damit noch heute.

Reflektieren Sie jeden Abend, was Sie im Laufe des Tages glücklich und zufrieden gemacht hat. Das kann eine Begegnung, ein gutes Essen oder ein interessantes Gespräch gewesen sein.

Identifizieren Sie jeden Tag eine Sache, die Ihnen gut gelingt, oder eine hilfreiche Eigenschaft, die Sie für gewöhnlich als gegeben hinnehmen und zu wenig wertschätzen.

5.3 Glücksnetzwerk

Albert Schweitzer stellte schon damals fest „Glück ist das Einzige, was sich verdoppelt, wenn man es teilt". Zumindest ist das in den meisten Fällen so. Also suchen Sie nach gleichgesinnten, die ähnlich wie Sie denken und vielleicht ebenfalls eine Änderung im Leben bewirken wollen.

Wir sind Wesen, die soziale Kontakte und Bindungen brauchen. Neben Freundschaft und Nähe ist auch Liebe wichtig. Denn Menschen, die sich geliebt und geborgen fühlen sind glücklicher.

Gerade deshalb sollten Menschen, denen es nicht gut geht, nie alleine sein. Denken Sie etwas nach, ob es eventuell in Ihrem Umfeld nicht bestimmte Leute gibt, mit denen Sie Ihr Glück teilen und vermehren könnten.

Mit diesen Tipps bauen Sie ein Glücksnetzwerk auf:

Investieren Sie in Freundschaften, die auf das Geben und Nehmen basieren.

Lachen Sie soviel und so oft wie möglich mit anderen gemeinsam.

Bewegen Sie sich. Tony Robbins pflegt zu sagen „Motion creates emotion". Bewegung ist eine Quelle des Glücks. Schon bei einem Spaziergang an der frischen Luft werden Glückshormone ausgeschüttet und sorgen für ein Wohlgefühl.

Gönnen Sie sich etwas schönes. Ein Kleid, ein tolles Essen oder ein Wellness Besuch. Freuen Sie sich auch über das Glück von anderen.

Spenden Sie, wenn es Ihr Budget zulässt. Menschen, die in Not geraten sind, zu helfen, macht einen wirklich glücklich.

Unternehmen Sie öfters etwas, das kein konkretes Ziel verfolgt, sondern nur die Lebensfreude und das Miteinander in den Vordergrund stellt.

Pflegen Sie die Zweisamkeit und überraschen Sie Ihren Partner mit tollen Ideen.

Gelassenheit bei geliebten Mitmenschen

Wer kennt es nicht? Manchmal fragen wir uns, weshalb gerade Menschen, die uns besonders viel bedeuten, unsere Gelassenheit von Zeit zu Zeit mächtig strapazieren.

Die Antwort liegt aber dabei auf der Hand:

Weil Sie uns am Herzen liegen und wir ihnen vermutlich auch, weil wir um Ihr Lebensglück und Wohlbefinden besorgt sind und weil wir Ihnen, auch wenn es nach außen hin nicht immer sichtbar wird, alles gute der Welt wünschen und genau deshalb empfinden wir so.

Wenn diese Menschen andere Ansichten haben und auf dem Weg sind, Dinge zu tun, die unserem Verständnis von Glück widersprechen, bringt uns das richtig in Rage.

Mein Ratschlag an Sie: Nehmen Sie sich etwas zurück. Üben Sie sich in Geduld und Gelassenheit. Vorwürfe schaffen Distanz und stoßen nicht selten auf Gegenwehr.

Würdigen Sie stattdessen das Problem, was ist möglicherweise gut daran? Wagen Sie einen

Perspektivenwechsel. Das gibt Ihnen einen Überblick, schafft Abstand und entspannt Sie.

6. Humor

Unter Humor verstehen die meisten Menschen, dass man einen großen Vorrat an Witzen und Pointen auf Lager hat. Dies stimmt nicht so ganz. Humor ist vielmehr eine Geisteshaltung. Er macht das Leben einfacher, insbesondere wenn wir lernen, über uns selbst zu lachen. Wer über sich selbst lacht, gewinnt Distanz zu seinen eigenen Ansichten, wirkt dadurch der eigenen Sturheit entgegen und stellt eine gelassene Perspektive her, die es leichter macht, zu relativieren.

Auf einmal scheint alles nur noch halb so wild. Das Lachen gibt uns damit ein Stück Freiheit. Es erleichtert auch die Kommunikation, sei es am Arbeitsplatz, zwischen Ehepartnern, Eltern und Kindern.

6.1 Abstand schaffen

Sie kennen natürlich dieses Gefühl nach einem Lachanfall,wie Ihr Bauch anfängt zu glühen und Freudentränen aus Ihren Augen fließen. In solchen Momenten fühlen wir uns rundum glücklich und zufrieden. Nichts kann Sie in dem Moment aus der Ruhe bringen. Gelassen lehnen Sie sich zurück.

Humor verträgt sich nicht mit Ärger, ebenso wenig wie mit dem Gefühl von Hoffnungslosigkeit. Er stellt eine Form des Relativierens dar. Dadurch fördern wir den inneren Abstand zu unseren Schwächen und Alltagssorgen. Oft werden dann Auswege sichtbar, die uns bis dahin verborgen blieben, und sobald wir eine Problemlösung vor Augen haben, wachsen die in uns schlummernden Kräfte und vertreiben die Resignation.

So durchbrechen wir einen Kreislauf: Denn je weniger Abstand Sie zu Ihren Fallen und Zwängen haben, umso mehr verstricken Sie sich darin.

Wenn Sie jedoch über sich lachen können, schaffen Sie mehr Objektivität und immer mehr Freiräume, um den Fallen ausweichen zu können. Sie werden das Leben wesentlich gelassen entgegentreten.

Hier kommt Ihr Humorcoaching:

Wann haben Sie das letzte mal über sich selbst lachen können? Geschah dies aus Verlegenheit oder aus vollem Herzen?

Gibt es an Ihnen Wesenszüge und Äußerlichkeiten, die Sie an sich selbst liebenswert komisch finden? Listen Sie alle auf, die Ihnen spontan in den Sinn kommen.

Wenn Sie an bisherige missglückte Vorstellungen zurückdenken, können Sie an den Situationen etwas witziges abgewinnen? Denken Sie dafür am besten an einen bestimmten Fall.

Entdecken Sie den „Clown" in sich, aber natürlich nicht ohne Sinn und Verstand. Bleiben Sie anderen gegenüber immer Respektvoll. Lachen Sie vielmehr mit Ihren Menschen, als mit Ihrer Komik andere für ihre Fehler zu bestrafen.

In solchen Fällen wirkt das Lachen oft deeskalierend und fördert den Zusammenhalt.

Egal wo, wer das Gesagte mit Humor würzt, sorgt für eine gute Stimmung und gewinnt Sympathiepunkte. Humor kann auch helfen, peinliche Situationen zu überstehen und sich selbst und anderen Fehler zuzugestehen und zu verzeihen. Denn niemand von uns ist vollkommen.

Setzen Sie Ihren Humor und Ihren Charme gezielt ein, wenn Sie eine Rede oder eine Präsentation vorbereiten. Jedes Schmunzeln und Lachen im Publikum können Sie als klaren Pluspunkt auf Ihrem Humor-Konto verbuchen.

Je öfter Sie über sich selbst lachen, desto öfter stellen sich heitere Gelassenheit in Ihrem Gemüt ein.

6.2 Humor als Stresskiller

Wer es bis jetzt noch nicht wusste: Es gibt tatsächlich eine Wissenschaft, die sich mit dem Humor beschäftigt, die Gelotologie. Diese untersucht die Auswirkung des Lachens auf den Körper und die Psyche des Menschen. Und davon gibt es eine Vielzahl.

Zum einen werden Glückshormone, wie das Dopamin, im Gehirn ausgeschüttet und zeitgleich werden auch Stresshormone reduziert. Zum anderen aktiviert das Lachen das Herz-Kreislauf-System, die Atmung wird tiefer und das Immunsystem angekurbelt.

Das Lachen hält fit, da dabei 300 verschiedene Muskeln aktiviert werden. Es wirkt gegen Angst, Lampenfieber und Depressionen.

Im Zentrum des Gehirn sitzt ein Areal, welches für die Belohnungen zuständig ist. Hier wird beim Lachen das Dopamin ausgeschüttet. Gutes Essen, guter Sex oder auch (leider) Drogen haben die selbe Wirkung. Dabei ist wissenschaftlich bestätigt, dass nicht nur das spontane Lachen unser Gehirn derart stimuliert, sondern auch nur das zunächst simulierte
(„Motion creates emotion").

Mit dieser Erkenntnis lässt sich gut nachvollziehen, wie Lachyoga funktioniert. Es ist eine Kombination aus pantomimischen und spielerischen Elementen aus dem Yoga und der westlichen Gelotologie. Gerade Menschen, die wenig zu lachen haben, praktizieren Lachyoga, um die positiven Effekte des Lachens auf den Organismus zu nutzen.

Hier finden Sie einige Übung dazu:

Gehen Sie vor einen Spiegel, recken und strecken Sie sich genüsslich. Gähnen und seufzen sie sooft und so ausgiebig Sie mögen, und setzen Sie bewusst ein breites Grinsen in Ihr Gesicht. Halten Sie dieses Lächeln und stellen Sie sich vor, wie ein Cocktail aus Glückshormonen in diesem Moment Ihren ganzen Körper flutet. Falls Sie auf einmal den Drang verspüren sollten, laut zu lachen, geben Sie diesem natürlichen Drang nach.
Eine andere Übung sieht so aus:

Stellen Sie sich bequem mit dem Rücken an eine Wand. Ihre Beine sind leicht gebeugt, die Schulten entspannt. Rubbeln Sie Ihren Rücken durch energische Bewegungen von unten nach oben und von rechts nach links und umgekehrt an der Wand. Rollen Sie Ihre Schultern und grinsen oder lachen Sie dabei, gerne auch laut.

Noch mehr Vergnügen macht die ganze Angelegenheit mit einem Partner, Rücken an Rücken.

Die letzte Übung, die ich Ihnen gerne vorstellen möchte:

Lassen Sie sich entspannt auf Ihr Sofa fallen oder setzen Sie sich bequem in einen Sessel. Nun schließen Sie Ihre Augen und atmen einige Male tief durch die Nase ein und aus. Lassen Sie dabei die Anspannung und den Stress von sich abfallen. Dann ziehen Sie Ihre Mundwinkel bewusst zu einem Grinsen hoch und beobachten neugierig, was in Ihrem Körper geschieht.

Geben Sie sich dem Gefühl vollkommen hin. Lächeln Sie kraftvoll nach innen und lassen Sie alle Zellen Ihres Körpers an der Botschaft teilhaben: „Es geht mir richtig gut!“: Nach einer Weile öffnen Sie Ihre Augen wieder und starten entspannter.

7. Gelassenheit als Erfolgsfaktor

Wenn Sie bis zu diesem Kapitel angelangt sind, haben Sie eine weite Reise hinter sich. Sie haben inzwischen mehr über Ihre eigenen Stärken und Schwächen erfahren und wissen darüber zu berichten, wie die einzelnen Säulen im Tempel der Gelassenheit miteinander zusammenhängen.

Was jetzt folgt, ist, wie Sie die Fähigkeit erwerben, in schwierigen Lebenssituationen ohne anhaltende Beeinträchtigung zu überstehen und eine damit ein verbundener Zusammengang von Gelassenheit und Erfolg.

Haben Sie sich schon einmal Gedanken darüber gemacht, was es für Sie heißt, erfolgreich zu sein? Die Antwort fällt in der Regel sehr individuell aus. Nutzen Sie dabei die von Ihnen im vierten Kapitel gesetzten Ziele. Denn meist ist es die Zielerreichung, die wir mit Erfolg verknüpfen.

7.1 Psychische Widerstandskraft

Die Psychische Widerstandskraft, auch Resilienz genannt, ist die Fähigkeit, Krisen zu meistern und sie als Anlass zur Weiterentwicklung zu nutzen. Sie ist eine wertvolle Ressource, die uns hilft, den Alltag zu bewältigen und Hürden und Rückschläge nicht als unüberwindbare Hindernisse zu sehen, sondern als notwendige Schritte auf dem Weg zum Ziel.

Die wesentlichen Aspekte, die zur psychischen Widerstandskraft beitragen, sind zum einen die genetische Prädisposition und zum anderen die Frustrationstoleranz und die emotionale Intelligenz, also die Fähigkeit, Emotionen und Handlungen zu kontrollieren und dabei den Fokus auf die Problemlösungen statt auf die Problemfixierung zu setzen.

Menschen, die resilient sind, gehen gelassener durchs Leben und schaffen es, auch in schwierigen Situationen wieder in einen Zustand des Wohlbefindens zurückzukehren.

Strategien, die helfen, Gelassenheit einzuüben und den Blick auf das große Ganze zu richten, bilden das Fundament der psychischen Widerstandskraft.

Die Fähigkeit der psychischen Widerstandskraft lässt sich das ganze Leben lang weiterentwickeln. Mit dem vorliegendem Buch haben Sie nötige Rüstzeug bereits vor Ihren Augen, um in diesem Bereich mehr aus sich herauszuholen und somit mehr Selbstverantwortung für sich selbst übernehmen.

7.2 Chancen nutzen

Wer erfolgreich sein will, braucht das Geschick und die Fähigkeiten, Möglichkeiten zu erkennen, sobald diese sich ihm bieten und sie beherzt zu ergreifen. Voraussetzung dafür sind eine achtsame Haltung und eine ungetrübte Sicht auf die Zusammenhänge.

Eine wertebasierte und spirituell ausgerichtete Lebensweise steigert nachweislich die persönliche Resilienz und erhöht den Grad der Gelassenheit. Wer das Glück als ein Konstrukt begreift, dass sich im Alltäglichen finden lässt, lernt dankbar die schönen Seiten des Lebens zu begreifen und ist für die weniger schönen Momente besser gewappnet.

Wer sich zudem ein humorvolles und optimistisches Gemüt bewahrt, der kann den Herausforderungen der heutigen Zeit gelassen und resilient entgegentreten.

Emotionen selbst steuern

Sowohl die psychische Widerstandskraft als auch die Gelassenheit basieren beide auf der Emotionsregulation. Positive Emotionen wie Freude haben dabei eine stabilisierende Wirkung, negative wie Wut und Ärger eine destabilisierende.

Überlegen Sie sich, in welchen Situationen Sie vorschnell dazu neigen, sich über Dinge unnötig zu ärgern.

Wie könnten diese Situationen mithilfe der Ihnen bereits bekannten Werkzeuge entschärft werden?

Wie sähen dann die folgenden Handlungsimpulse aus?

Krise als Chance

Aus Fehlern kann man lernen, aus Krisen aber auch. Gerade in schwierigen Zeiten sind unsere Stärken gefragt. Sie werden uns dann bewusst und wir können sie weiterentwickeln. So bergen gerade Krisen die Chance, eine positive Veränderung in Gang zu setzen.

Erinnern Sie sich an die größten Umbrüche und Krisen in Ihrem Leben. Welche Veränderungen haben diese angestoßen?

Gab es dabei auch positive Aspekte? Welche Ihrer Stärken haben Sie nutzen oder weiterentwickeln können?

Welche Veränderungen sind die die Zukunft absehbar und wie kann Ihnen die Kraft der Gelassenheit bei der Bewältigung eine Hilfe sein? Entwickeln Sie Visionen.

20816973R00038

Printed in Poland
by Amazon Fulfillment
Poland Sp. z o.o., Wrocław